Bibliografische Information der Deutschen Nationalbibliothek:

Die Deutsche Bibliothek verzeichnet diese Publikation in der Deutschen National-bibliografie; detaillierte bibliografische Daten sind im Internet über http://dnb.d-nb.de/ abrufbar.

Impressum:

Copyright © 2020 GRIN Verlag
Druck und Bindung: Books on Demand GmbH, Norderstedt Germany
ISBN: 9783346254672

Dieses Buch bei GRIN:

https://www.grin.com/document/922731

Sarah Werner

Erstellen einer narrativen Übersichtsarbeit und einer Trainingsplanung für das Fallbeispiel einer Läuferin

GRIN Verlag

GRIN - Your knowledge has value

Der GRIN Verlag publiziert seit 1998 wissenschaftliche Arbeiten von Studenten, Hochschullehrern und anderen Akademikern als eBook und gedrucktes Buch. Die Verlagswebsite www.grin.com ist die ideale Plattform zur Veröffentlichung von Hausarbeiten, Abschlussarbeiten, wissenschaftlichen Aufsätzen, Dissertationen und Fachbüchern.

Besuchen Sie uns im Internet:

http://www.grin.com/

http://www.facebook.com/grincom

http://www.twitter.com/grin_com

Deutsche Hochschule für

Prävention und Gesundheitsmanagement

Hermann Neuberger Sportschule 3

66123 Saarbrücken

Einsendeaufgabe

Fachmodul:	Trainingslehre V - Fallbeispiel Läuferin
Studiengang:	B.A. Fitnesstraining
Datum Präsenzphase:	27.04. - 29.04.2020
Name, Vorname:	Werner, Sarah
Studienort:	**Frankfurt**
Semester:	**WS 2017**

Inhaltsverzeichnis

1 Teilaufgabe 1 - Erstellen einer narrativen Übersichtsarbeit

Im Folgenden wird eine Literaturrecherche unter Berücksichtigung einer konkreten Forschungsfrage durchgeführt. Dabei werden vier wissenschaftlich anerkannte Primärstudien tabellarisch vorgestellt und anhand diverser Kriterien analysiert. Die aus den Studien hervorgehenden Erkenntnisse werden im Anschluss hinsichtlich der zuvor gestellten Forschungsfrage diskutiert und eingeordnet.

1.1 Literaturrecherche

1.1.1 Konkretisierung der Forschungsfrage

„Wer Ausdauer will, muss lange im aeroben Bereich trainieren", lautete lange das Credo für Cardio - Fitness. In den letzten Jahren hat sich aber hochintensives Intervalltraining (HIIT) immer mehr in den Fokus von Ausdauersportlern und Wissenschaftlern geschoben. Trainingsbelastungen, zum Teil weit oberhalb der anaeroben Schwelle, verbessern auch die Ausdauerleistung, das legen Untersuchungen dar. Ist HIIT tatsächlich das Allheilmittel für Ausdauerleistung, Cardio - Fitness sowie die Gesundheit? Die Forschungsfrage für die nachfolgende Literaturrecherche lautet: Welchen Einfluss hat ein HIIT auf die aerobe Ausdauerleistung?

Um die Ergebnisse der Literaturrecherche zum Ende hin auswerten zu können, wurden als Zielgruppe lediglich Primärstudien ausgewählt, in denen Erwachsene teilgenommen haben. Zudem wurde darauf geachtet, dass es sich innerhalb der Studien um ähnliche Anwendungsmodalitäten handelt. In diesem Fall ist darunter zu verstehen, dass das Training innerhalb dieser Literaturrecherche mit ähnlichen Übungskategorien verwendet wurden. Ebenfalls wurde nach der Dauer bzw. der Untersuchungszeiträume und dem Belastungsvolumina konkretisiert. Es handelt sich in jeder Primärstudie lediglich um einen Zeitraum von 4 - 12 Wochen.

1.1.2 Nennung der genutzten Suchbefehle

Im Rahmen der Literaturrecherche wurden die folgenden Suchbefehle verwendet:

- Verbesserung der Ausdauerleistungsfähigkeit durch HIIT
- Verbessert Sprinttraining die aerobe Ausdauer?
- Trainingsmethoden der Ausdauer
- Hochintensives Intervalltraining im Leistungssport
- HIT Verbesserung der aeroben Ausdauerleistungsfähigkeit
- Primärstudien zum Thema aerobe Ausdauer
- Maximale Sauerstoffaufnahme mit HIIT

1.1.3 Nennung der genutzten Datenbanken und Bibliotheken

Im Rahmen der Literaturrecherche wurden die folgenden Datenbanken genutzt:

- Scholar Google
- Springer Link
- Thieme
- Buch: „HIIT - Hochintensives Intervalltraining" von Christophe Pourcelot

1.1.4 Nennung der einbezogenen Primärstudien

Aus der Literaturrecherche gingen die folgenden vier Primärstudien hervor, die nun zur weiteren Bearbeitung und Erläuterung genutzt werden.

- The effects of HIT vs steady state training on aerobic and anaerobic capacity
- Über den Einfluss von Sauerstoffatmung auf hämodynamische und metabolische Parameter beim Intervalltraining von 400-m-Läufern
- Effekte eines hoch intensiven Intervalltrainings in der Ebene und in ansteigendem Gelände hinsichtlich der physischen Leistungsfähigkeit
- Is high-intensity training a time-efficient exercise strategy to improve health and fitness?

1.2 Ergebnisdarstellung

Tabelle 1: Literaturrecherche zu Studie 1

Titel	Is high-intensity interval training a time-efficient exercise strategy to improve health and fitness?
Autor	Jenna B. Gillen, Martin J. Gibala
Erscheinungsjahr	2006
Fragestellung/Zielsetzung	Wie verändert sich die Trainingskapazität sowie molekulare und zelluläre Anpassungen im Skelettmuskel nach SIT und AT?
Stichprobe	**1 Gruppe:** Sprint Intervall Training; Alter: 22 +/- 1; Gewicht: 78 +/- 2kg; Größe: 183 +/- 2cm; BMI: 23,3 +/- 0,5; **2 Gruppe:** Ausdauertraining; Alter: 21 +/- 1; Gewicht: 81 +/- 4kg; Größe: 184 +/- 2cm; BMI: 24 +/- 0,3
Untersuchungsdesign	2 - 3 Trainingseinheiten pro Woche (Laufen, Fahrrad fahren, etc.) **1 Gruppe:** Intensität: supramaximal; Übungseinheit: 30 Sekunden x 4 - 6 Wiederholungen, 4 Minuten Pause; Trainingszeit: 2 - 3 Minuten Intervall, insgesamt 18-27 Minuten pro Trainingseinheit (inklusive Pause), 15 Minuten Intervall **2 Gruppe:** Intensität: 65%, Übungseinheit: 90-120 Minuten kontinuierliche Übungen; Trainingszeit: 90 - 120 Minuten Dauer: 14 Tage; 2,5 Stunden SIT, 10,5 Stunden AT Trainingseinheiten: 6; Untersuchung: Biopsieproben vor und nach dem Training; Test: Wingage Test
Hauptergebnisse	Der Trainingsauswand der HIIT-Gruppe machte nur ungefähr 10% desjenigen der Dauergruppe aus. Der gesamte zeitliche Aufwand für das Training betrug nur 2,5 Stunden im Vergleich zu den 25 Stunden bei der Ausdauergruppe. Zudem hat die HIIT-Gruppe im Vergleich zu einer gleichzeitig untersuchten Ausdauergruppe, die mit 90 bis 120 Minuten Dauerbelastung bei 65% Vo2 max trainierte, bis dahin nicht für möglich gehaltene aerobe Leistungsverbesserungen erzielt. - Erhöhung der Muskeloxidationskapazität
Eigene kritische **Würdigung**	Das wichtigste neue Ergebnis der vorliegenden Studie war, dass sechs Sitzungen mit SIT mit geringem Volumen oder herkömmlichem AT mit hohem Volumen ähnliche Verbesserungen der Muskeloxidationskapazität, der Muskelpufferkapazität und der Trainingsleistung hervorriefen. Nach Kenntnisstand ist dies die erste Studie, die das Intervall direkt mit dem kontinuierlichen Training vergleicht. Dabei wurde ein Forschungsdesign verwendet, bei dem die Gruppen hinsichtlich Trainingsmodus (Radfahren), Trainingshäufigkeit (3 × pro Woche) und Trainingsdauer (2 Wochen) übereinstimmten, sich jedoch unterschieden in Bezug auf das gesamte Schulungsvolumen und den Zeitaufwand. Mehrere frühere Studien haben Muskelstoffwechsel- und / oder Leistungsanpassungen an Intervall im Vergleich zu kontinuierlichem Training untersucht (Henriksson & Reitman, 1976), aber die Daten sind nicht eindeutig und in allen Fällen war das Gesamtarbeitsvolumen zwischen den Gruppen ähnlich. Die vorliegende Studie war einzigartig, da das gesamte Trainingsvolumen für die SIT-Gruppe konstruktionsbedingt nur ~ 10% desjenigen der AT-Gruppe betrug (d. H. 630 gegenüber 6500 kJ). Darüber hinaus betrug der gesamte Trainingszeitaufwand über 2 Wochen für die SIT-Gruppe 2,5 Stunden während die ET-Gruppe an jedem Trainingstag insgesamt 10,5 Stunden ununterbrochen trainierte. Dies ist eine der ersten Studien, die zeigt, dass SIT eine sehr zeiteffiziente Trainingsstrategie ist und zudem die aerobe Leistungsverbesserung erzielt.
Quellenangabe	Gibala, M. (2007). High-intensity Interval Training: A time efficient strategy for health fitness. Canada: McCaster University

Tabelle 2: Literaturrecherche zu Studie 2 - Teil 1

Titel	The effects of HIT vs steady state training on aerobic and anaerobic capacity
Autor	Carl Forster, Brianna Roberts
Erscheinungsjahr	2010
Fragestellung / Zielsetzung	Wie verbessert sich aerobe und anaerobe Ausdauerkapazität während verschiedener Trainingsmethoden?
Stichprobe	65 Probanden (23 Männer, 42 Frauen), Alter: zwischen 18 und 28 Jahren, kein Training über 2 Trainingseinheiten pro Woche
Untersuchungsdesign	Ein Belastungstest, der mit einem elektrisch gebremsten Fahrradergometer durchgeführt wurde, wurde verwendet, um die aerobe Kapazität zu bewerten. Die Probanden wurden angewiesen, vor dem Test, der in einem Zeitraum von 2 Stunden pro Tag durchgeführt wurde, 6 Stunden lang auf Koffein zu verzichten. Ein Praxistest wurde nicht durchgeführt. Der Test begann mit einer Ruhezeit von 5 Minuten, um die Messung der Ruhe-HR zu ermöglichen, gefolgt von einem 3-minütigen Aufwärmen bei 25 W. Nach 3 Minuten wurde die Belastung um 25 W pro Minute erhöht. Die Probanden traten mit einer Trittfrequenz von ~ 80 U / min in die Pedale. Der Test wurde abgebrochen, wenn die Probanden zu müde waren, um fortzufahren, oder wenn die Trittfrequenz unter 60 U / min fiel. Die Bewertung der wahrgenommenen Anstrengung (RPE) wurde während des Tests unter Verwendung der RPE-Skala des Kategorieverhältnisses (0-10) gemessen (Borg, 1998).) gemessen. Die Kalibrierung wurde vor jedem Test unter Verwendung eines Referenzgases (16% O2 & 4% CO2) und Raumluft abgeschlossen. Eine 3-l-Spritze wurde verwendet, um den Pneumotach zu kalibrieren. VO2 wurde alle 30s summiert und der höchste 30 s-Wert während des Tests wurde als VO2max akzeptiert. Ein Verifizierungsversuch wurde nicht durchgeführt, da zuvor festgestellt wurde, dass sich VO2max während eines zweiten Trainings bei höherer Muskelkraft nicht systematisch ändert (Foster et al., 2007). Die maximale aerobe Leistung, ausgedrückt pro kg KG wurde als PO für die höchste abgeschlossene Stufe plus anteilige Gutschrift für unvollständige Stufen akzeptiert. Als Maß für die anaerobe Kraftkapazität führten die Probanden den Wingate Anaerobic Test durch (Bar-Or, 1987). Der Test wurde an einem anderen Tag mit einem elektronisch gebremsten Fahrradergometer im Modus mit konstantem Drehmoment durchgeführt. Die Probanden erwärmten sich 5 Minuten lang bei 25 W. In den letzten 5 Sekunden der Aufwärmphase erhöhte die Testperson ihre Trittfrequenz auf> 100 U / min. Zu Beginn des Tests wurde der Widerstand auf 0,075 kg / kg KG erhöht, und die Testperson versuchte, ihre Trittfrequenz für die nächsten 30 s zu maximieren. Die Spitzenleistung und die mittlere Leistung wurden von der Ergometer-Software aufgezeichnet. Das PPO und das MPO wurden relativ zum BW ausgedrückt. Als zusätzlicher Marker für die Trainingskapazität wurde die kombinierte Trainingskapazität als Mittelwert von PaerPO + PPO + MPO berechnet und als W.kg-1 BW ausgedrückt.

Tabelle 3: Literaturrecherche zu Studie 2 - Teil 2

Hauptergebnisse	Das Hauptergebnis dieser Studie war die wesentliche Gleichwertigkeit der Erhöhungen der Messungen sowohl der aeroben als auch der anaeroben Trainingsleistung in allen drei Trainingsgruppen. Im Gegensatz zu den in der Literatur häufig behaupteten größeren Reaktionen nach intensiven Trainingsprogrammen gab es in dieser Gruppe relativ untrainierter junger Erwachsener keinen offensichtlichen Vorteil, der durch intensiveres Training erzielt wurde. Selbst unter Berücksichtigung des zahlenmäßig stärkeren Anstiegs aller Maße der Trainingskapazität in der Tabata-Gruppe gab es in keiner der Gruppen einen signifikant größeren Anstieg der KEK. Das Ausmaß der Verbesserung der Messungen der aeroben Trainingsleistung steht im Einklang mit anderen Kurzzeittrainingsstudien an relativ ungeschulten ausgebildeten jungen Erwachsenen (Bouchard,1999;Helgerud,2007; Matsuo, 2014; Nybo, 2010; Tabata,1996). In Studien mit einer geeigneten Kontrollgruppe im Steady-State hat das Intervalltraining normalerweise zu einem größeren Anstieg von VO2max geführt als das nominell ähnliche Steady-State-Training. In den aktuellen Ergebnissen betrug der Anstieg von VO2max pro kg KG 18-20%. Diese Ergebnisse scheinen nicht auf einzigartig hohe Werte für die Trainingsintensität in der Kontrollgruppe zurückzuführen zu sein, die im Durchschnitt 75-80% HRR (z. B. mäßige bis kräftige Trainingsintensität) und einen sRPE von 4-5 auf der Category Ratio RPE-Skala aufwiesen [Blutlaktat] lag im Durchschnitt bei 4-6 mmol·l-1, was darauf hindeutet, dass die Trainingsintensität in der kräftigen, wenn nicht schweren Trainingsklassifikation lag.
Eigene kritische Würdigung / Schlussfolgerung der Autoren	Zusammenfassend lässt sich sagen, dass die Ergebnisse in dieser Population relativ untrainierter, aber gesunder junger Erwachsener keinen besonderen Vorteil für Trainingsmodelle mit sehr hoher Intensität nahelegen, wie sie beispielsweise aus den Ergebnissen von Tabata. Die Beobachtung, dass das Tabata-Protokoll weniger erfreulich war, ist nicht überraschend. Der fortschreitende Verlust des Genusses in allen Protokollen legt nahe, dass die Vielfalt der Art der Übung möglicherweise genauso wichtig ist wie die Art der Übung an sich. Insbesondere wenn man bedenkt, dass die gesundheitlichen Vorteile von Bewegung im Zusammenhang mit der Wahrscheinlichkeit gesehen werden müssen, dass Bewegung über mehrere Jahre fortgesetzt wird, nicht nur über die Wochen einer kontrollierten Studie.
Quellenangabe	Forster C. & Roberts, B. (2015). The Effects of High Intensity Interval Training vs. Steady State Training on Aerobic and Anaerobic Capacity. USA: Department of Exercise and Sport Science.

Tabelle 4: Literaturrecherche zu Studie 3

Titel	Effekte eines hoch intensiven Intervalltrainings in der Ebene und in ansteigendem Gelände hinsichtlich der physischen Leistungsfähigkeit
Autor	Natalie Marterer Verena Menz Martin Burtscher
Erscheinungsjahr	2014
Fragestellung / Zielsetzung	Vergleich der Belastungsverträglichkeit und Leistungsveränderungen durch HIIT in der Ebene und in ansteigendem Gelände
Stichprobe	17 gut trainierte Sportstudenten (10 Frauen, 7 Männer) 2 Gruppen: Ebenenlauf, Berglauf
Untersuchungsdesign	An der Untersuchung nahmen insgesamt 17 gut trainierte Sportstudenten (Ø VO_{2max} von 53,7 ml/min/kg) teil, die randomisiert in die Gruppen Ebene (GE; n=8) und Berg (GB; n=9) eingeteilt wurden. Die Probanden beider Gruppen absolvierten innerhalb von 4 Wochen 14 HIIT-Einheiten in ansteigendem Gelände (GB) oder in der Ebene (GE). Jede HIIT-Einheit bestand aus 8×2min-Läufen bei 90–95% der maximalen Herzfrequenz (HF_{max}) bei einer Work/ Rest-Ratio von 1:1. Die Vor- und Nachtests (VT) bestanden aus einer Spirometrie auf dem Laufband und 800m-Lauftests in der Ebene und in ansteigendem Gelände. Nach der Intervention haben alle ProbandInnen anhand der BORG-Skala das individuelle Belastungsempfinden beurteilt.
Hauptergebnisse	In der GE konnten 3 Probanden ihr Training aufgrund von Überlastungssymptomen nicht zu Ende bringen, in der GB 2 Probanden aus zeitlichen Gründen. Bei der Auswertung des Belastungsempfindens war eine Tendenz (p=0,08; t=−1,96) erkennbar, dass das Training in der Ebene als anstrengender empfunden wurde. Durch ein vierwöchiges HIIT hat sich die VO_{2max} durchschnittlich um 5,2% (p=0,02; t=−2,76), die 800m-Zeit in der Ebene um 4,6% (p=0,01; t=3,48) und die 800m-Zeit in ansteigendem Gelände um 6,3% (p=0,02; t=2,77) signifikant verbessert. Es konnte kein signifikanter Gruppeneffekt festgestellt werden.
Eigene kritische Würdigung	Diese Untersuchung ist ein weiteres Beispiel dafür, dass sich die sportartspezifische Leistungsfähigkeit gut trainierter Athleten nach einem HIIT signifikant verbessert. Die Verbesserung der Laufleistungen unterscheidet sich nicht zwischen den Trainingsgruppen (Bergauf vs. Ebene). Bedeutsam ist die Beobachtung, dass Bergauf-HIITs tendenziell besser verträglich waren als HIITs in der Ebene.
Quellenangabe	Marterer, N., Menz, V. & Burtscher, M. (2014). Effekte eines hoch intensiven Intervalltrainings in der Ebene und in ansteigendem Gelände hinsichtlich der physischen Leistungsfähigkeit. Verlag: Georg Thieme Verlag KG Stuttgart.

Tabelle 5: Literaturrecherche zu Studie 4

Titel	Über den Einfluss von Sauerstoffatmung auf hämodynamische und metabolische Parameter beim Intervalltraining von 400-m-Läufern
Autor	Jia-Tzer Jang
Erscheinungsjahr	2003
Fragestellung / Zielsetzung	Beeinflusst Sauerstoffatmung die Erholung während der Serienpause im Intervalltraining? Bestehen messbare Auswirkungen von Sauerstoffatmung auf das Verhalten von Laktat, Herzfrequenz und Laufgeschwindigkeit?
Stichprobe	10 männliche jugendliche Läufer, 17 - 19 Jahre, 400m-Läufer - Gruppe A: atmete in der Laufserienpause normale Luft, Gruppe B: atmete 97% Sauerstoff
Untersuchungsdesign	Laufbandstufentest (Heck, 1982), Feldstufentest (Mader, 1976), Bestimmung der aerob-anaeroben Schwelle u. VO2max; 3x Training wöchentlich innerhalb 5 Wochen, Belastungsintensität nach individueller Schwelle, Distanz von 200m x 5, Laufpause 90-120sec, Erholungsdauer Trabphase nach HF, Trabgeschwindigkeit PF 160, Serienpause 10 Minuten, Gruppe B: Gasgemisch von 97% Sauerstoff in 3% Stickstoff
Hauptergebnisse	Der maximale mittlere Laktatwert belief sich auf 8,23 ± 1,7 mmol/l. Die zugehörige Herzfrequenz betrug 187 ± 5,5 min. Die Differenzen zwischen dem Laufband- und dem Feldstufentestergebnis beliefen sich beim Laktat auf 0,72 ± 0,47 mmol/l und bei der Herzfrequenz auf 2 ± 3,5 min in der Gruppe A, auf 0,43 ± 0,6 mmol/l bzw. 4 ± 2,3 min. Bei den Laufbanduntersuchungen lag die aerobe Schwelle (2 mmol/l) bei 2,3 ± 0,17 m/s, entsprechend einer durchschnittlichen Herzfrequenz von 132 ± 5,3 min in der Gruppe A. Die diesbezüglichen Ergebnisse in der Gruppe B waren: 2,7 ± 0,23 m/s für die Laufgeschwindigkeit und 142 ± 8,3 min bezüglich der Herzfrequenz. Die Geschwindigkeitsdifferenz im Bereich der aeroben Schwelle machte bei den beiden Gruppen 0,4 m/s bzw. 5 min bei der Herzfrequenz aus. Die Geschwindigkeitsdifferenz fiel statistisch signifikant aus, während die Herzfrequenzdifferen-zen keinen signifikanten Unterschied ergaben in der Gruppe B. Das Intervalltraining führte von der ersten bis zur fünften Trainingswoche zu einer Reduktion des Laktatspiegels. Die Differenz zwischen den beiden Gruppen fiel in der fünften Woche signifikant aus. Eine geringfügige Abnahme erfuhr auch der Glukosespiegel im Blut, was nur für die Gruppe B zutrifft. Hinsichtlich der Laufgeschwindigkeit ergaben sich im Vergleich der ersten und fünften Woche in der Gruppe A Werte von 6,3 m/s und 6,7 m/s, verbunden mit 5,9 bzw. 8,6 mmol/l Laktat. Die entsprechenden Werte für die Gruppe B betrugen 6,2 m/s bzw. 6,75 m/s bei 5,9 mmol/l und 6,3 mmol/l Laktat. Von der ersten bis zur fünften Woche ergab sich in der Gruppe A ein Laktatanstieg um 2,7 mmol/l, in der Gruppe B hingegen nur um 0,4 mmol/l bei vergleichbaren Laufgeschwindigkeiten. Unter der Sauerstoffatmung traten konstant bleibend geringere Herzfrequenzwerte als in der Gruppe A auf.
Eigene kritische Würdigung	Aus den Befunden wird geschlossen, dass Sauerstoffatmung in den Serienpausen eines Kurzzeit-Intervalltrainings in der Lage ist, signifikante Einflüsse auf metabolische und hämodynamische Parameter zu nehmen. Die Versuchsanlage lässt aber nicht erkennen, ob die Verabfolgung von Sauerstoff im Rahmen des Intervalltrainings zu späteren wettkampfspezifischen Leistungssteigerungen führt.
Quellenangabe	Jang, J. (2003). Über den Einfluss von Sauerstoffatmung auf hämodynamische und metabolische Parameter beim Intervalltraining von 400-m-Läufern. Köln: Institut für Kreislaufforschung und Sportmedizin

1.3 Diskussion

Das Hochintensive Intervalltraining stellt eine lohnenswerte und effektive Trainingsmethode für trainierte sowie untrainierte Erwachsene dar. In den Studien wurden lohnenswerte Trainingseffekte aerober und anaerober Leistungen sowie Verbesserung der sportartspezifischen Leistungsfähigkeiten erzielt.

Die maximale Sauerstoffaufnahme ist ein Maß für die Leistungsfähigkeit der sauerstoffnehmenden, sauerstofftransportierenden und sauerstoffverwertenden Systeme des Organismus. Eine Zunahme der maximalen Sauerstoffaufnahme erreicht man vor allem durch intensives Training. Dazu setzt man kurzzeitig, sehr intensive Belastungen von etwa drei bis maximal acht Minuten ein. Diese relativ kurzen Wiederholungen innerhalb eines Intervalltrainings setzen starke Reize auf die Verbesserung der maximalen Sauerstoffaufnahmefähigkeit. Aber die entscheidende Größe ist nicht ausschließlich die absolute Höhe der maximalen Sauerstoffaufnahme. Ein Training im höheren Geschwindigkeitsbereich verbessert die Bewegungsökonomie und verhilft damit auch zu einem effizienteren Umgang mit den körpereigenen Ressourcen. Der Energieverbrauch bei einer gegebenen Geschwindigkeit wird geringer, bei maximaler Ausnutzung der Vo2 max wird eine höhere Endgeschwindigkeit erreicht. Zudem verbessert sich die Kapillarisierung in der Muskulatur und somit hat man eine gesteigerte Sauerstoffausschöpfung. Auch wurde festgestellt, dass die Aktivität der aeroben Enzyme zunimmt. Es handelt sich um Proteine, die biochemische Reaktionen im aeroben Stoffwechsel katalysieren, also die Energiegewinnung unter Einfluss von Sauerstoff unterstützen und verbessern.

Um nun auf die Forschungsfrage „Welchen Einfluss hat ein HIIT auf die aerobe Ausdauerleistung?" zu kommen: Es liegen umfangreiche Ergebnisse über die Anpassungen auf ein submaximales und auch intensives Training bei Untrainierten vor. Im Gegensatz dazu ist bisher wenig bekannt, wie bereits hochtrainierte Athleten auf modifizierten Trainingsprogramme reagieren. Es scheint jedoch, dass weitere Steigerungen im Anteil submaximalen Trainings keine weiteren Verbesserungen der Ausdauerleistungsfähigkeit hervorrufen. HIT kann im Gegensatz dazu signifikante Verbesserungen der Ausdauerleistungsfähigkeit auch bei bereits hochtrainierten Athleten auslösen. Die Antwort auf hohe bis höchste Belastungsintensitäten deutet jedoch darauf hin, dass ein Training an oder nahe bei VO2max den optimalen Stimulus für die Steigerung der aeroben Ausdauer bei hochtrainierten Athleten darstellt.

Jedoch sollten sowohl kurze intensive intervallartige Belastungen, als auch lange kontinuierliche niedrig-intensive Einheiten Teil eines effektiven Ausdauertrainings sein. Ungeklärt bleibt es aber noch immer, zu welchem Zeitpunkt der Periodisierung und für welchen Zeitraum HIT absolviert werden sollte.

2 Teilaufgabe 2 - Trainingsplanung im leistungsorientierten Training

2.1 Analyse des Fallbeispiels und Ableitung von Trainingszielen

Tabelle 6: Darstellung des Fallbeispiels

Alter	34 Jahre
Geschlecht	Weiblich
Körpergröße	1,63m
Körpergewicht	52kg
Körperfettanteil	12%
Berufliche Tätigkeit	Polizistin im Streifendienst (Wechselschicht)
Sportliche Aktivitäten	**Laufen:** Wettkämpfe: - bisher 13 Marathonteilnahmen innerhalb der letzten 5 Jahre (Bestzeit: 3h 8min) Training: - Dauerläufe mit wöchentlichem Belastungsvolumina von ca. 7-9 Stunden - In den Wintermonaten: Reduzierung um ca. 30%, dafür funktionelles Krafttraining mit Widerstandsbändern
Zeitlicher Verfügungsrahmen	- arbeitet im Wechselschichtdienst - hat neben ihren drei bestehenden Trainingseinheiten noch Zeit für eine vierte Einheit
Trainingsmotive	Sie möchte ihr Training leistungsorientiert gestalten, um ihre Zeit bei der Marathon-Distanz zu verbessern. Zudem wünscht sie sich weniger bis keine Probleme bei der Bewältigung von Laufstrecken mit zahlreichen Anstiegen
Gesundheitliche Probleme	Sie klagt über Probleme bei der Bewältigung von Laufstrecken mit zahlreichen Anstiegen und über gelegentliche Schmerzen auf der Außenseite des Oberschenkels direkt oberhalb des Kniegelenks. Die Probleme treten auch häufig in ihrem Berufsalltag auf.

Der aktuelle Gesundheitszustand der Kundin ist gut. Sie nimmt keinerlei Medikamente zu sich und kann zudem über keine gesundheitlichen Einschränkungen, Schäden oder Beschwerden klagen. Lediglich ihr Körperfettanteil liegt bei nur 12%, was laut Gallagher (2000) als niedrig einzustufen ist. „Wer sich viel beweget und gesund ernährt, verfügt über kleinere Fettspeicher" (Möckel, 2009). Als unterste Grenze bei Leistungssportlerinnen ist jedoch ein Körperfettanteil von 13%.

2.1.1 Ableitung von Trainingszielen

Die Läuferin hat sowohl auf körperlicher, als auch auf sportlicher Ebene großes Verbesserungspotential.

Tabelle 7: Darstellung der Trainingsziele

	Inhalt	Ausmaß	Zeit
Ziel 1	Verbesserung der Marathon-Zeit	Von 3h 8min auf 3h	4 Wochen
Ziel 2	Verbesserung der Bewältigung von Laufstrecken mit zahlreichen Anstiegen	10%ige Steigerung	4 Wochen

Aktuell beträgt ihre Zeit bei den Marathonläufen 3 Stunden und 8 Minuten. Ziel des im Folgenden dargestellten Mikrozyklus für Frau Müller soll nun in Abstimmung mit ihren Wünschen und Möglichkeiten sein. Konkret wird eine Verbesserung der Marathon- Laufzeit von unter 2 Stunden und 50 Minuten angestrebt, innerhalb der nächsten 4 Wochen, soll das Ziel erstmals sein, die 3 Stunden zu erreichen. Um dieses Ziel zu erreichen, wird zum normalen Training im Grundlagenausdauerbereich, ein Training in Form eines Hoch-Intensitäts-Intervall durchgeführt. Zwei Wochen Intervalltraining kann die anaerobe Kapazität von Sportlern, also die Fähigkeit mit genügend Sauerstoff lange zu laufen, so stark erhöhen wie sechs bis acht Wochen normales Ausdauertraining (UWL, 2006).

Als weiteres Ziel wird die Leistungssteigerung beim Bewältigen von Laufstrecken mit zahlreichen Anstiegen festgelegt. Innerhalb von 12 Wochen soll hierbei eine 10%ige Steigerung stattfinden. Um eine Leistungssteigerung in diesem Bereich zu erzielen, wird das Hypertrophietraining angewandt, um Steigungen bewältigen zu können. Die Schnellkraft ist die Fähigkeit des Sportlers, hohe Widerstände mit großer Muskelkontraktionsgeschwindigkeit zu überwinden. Sie ist stark vom Niveau der Maximalkraft abhängig. Die Schnellkraft ist beim Laufen eines Marathons von Bedeutung, denn sie kommt insbesondere bei steilen Anstiegen und Sprints (Schmidt, 2012). Nebeneffekt des Hypertrophietrainings ist der Muskelaufbau, welcher aufgrund des niedrigen Körperfettanteils der Sportlerin von 12%, definitiv in Betracht gezogen werden muss.

Zusammengefasst bedeutet dies, dass es zur erfolgreichen Verbesserung der sportartspezifischen Leistungsfähigkeit ein Hochintensives Intervalltraining braucht. Schwerpunktmäßig handelt es sich um ein sportartspezifisches Schnellkrafttraining im Hypertrophiebereich.

2.2 Mikrozyklische Trainingsplanung

Der Mikrozyklus stellt die nächst höhere Planungsebene dar. Er setzt sich aus mehreren Trainingseinheiten zusammen und wird meist als Wochenzyklus realisiert. Der Mikrozyklus hat die Funktion, ein optimales Verhältnis von Beanspruchung und Erholung zwischen den einzelnen Trainingseinheiten zu schaffen. Der Hauptteil der Trainingseinheit hängt somit von der Zielsetzung des Mikrozyklus ab. Dient der Mikrozyklus der Regeneration, so sind auch die Belastungen der einzelnen Trainingseinheiten dementsprechend anzupassen (Schnabel, 2008, S. 421). Da im Leistungssport eine Vielzahl an Trainingseinheiten innerhalb eines Mikrozyklus stattfinden, muss beachtet werden, dass Trainingsbelastungen sich auf die jeweiligen Funktionssysteme auswirken. Für die Planung ist es deshalb entscheidend, diese Anpassungsvorgänge genau zu kennen, um genügend Zeit zur Regeneration einzuplanen. Zudem ist darauf zu achten, ungünstige Verbindungen von Trainingseinheiten zu vermeiden. Die Verbindung eines hoch beanspruchenden Ausdauertrainings am Vormittag mit einer Trainingseinheit zur Herausbildung sporttechnischer Fertigkeiten am Nachmittag ist demnach nicht sinnvoll (Schnabel, 2008, S. 422).

Abbildung 1: Darstellung der mikrozyklischen Trainingsplanung

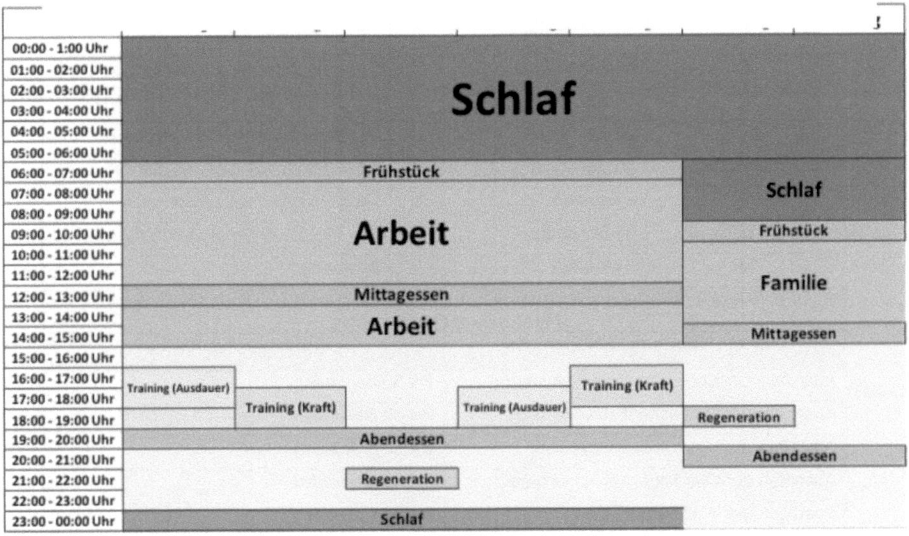

2.2.1 Hoch-Intensitäts-Intervall Training

Tabelle 8: Darstellung der Ausdauereinheit (Montag & Donnerstag)

Training für das Sprint Intervall Training		
- Trainingsziel: HIIT in Form von SIT - Trainingsmethode: Intervalltraining - Organisationsform: Ganzkörper - Ausdauertraining		
Funktionelle Bewegungsvorbereitung		
Inhalte / Übungen / Maßnahmen	**Belastungsgefüge**	
Hopserlauf	2 x 15 Sekunden	
Kniehebelauf	1 x 20 Sekunden	
Skippings	2 x 15 Sekunden	
Anfersen	1 x 20 Sekunden	
Leistungsorientiertes Training **SIT nach VO2 max**		
Intervall	**Dauer**	**Subjektive Beanspruchung**
1.	3 Minuten	3	Aufwärmen
2.	3 Minuten	5	Ca. 50% des max. Lauftempos
3.	2 Minuten	7	Ca. 70-75% des max. Lauftempos
4.	60 Sekunden	5	Ca. 50% des max. Lauftempos
5.	30 Sekunden	9	Ca. 50-85% des max. Lauftempos
6.	60 Sekunden	5	Ca. 50% des max. Lauftempos
7.	30 Sekunden	9	Ca. 90-95% des max. Lauftempos
8.	60 Sekunden	5	Ca. 50% des max. Lauftempos
9.	30 Sekunden	9	Ca. 90-95% des max. Lauftempos
10.	60 Sekunden	5	Ca. 50% des max. Lauftempos
11.	30 Sekunden	9	Ca. 90-95% des max. Lauftempos
12.	2 Minuten	5	Ca. 50% des max. Lauftempos
13.	60 Sekunden	7	Ca. 70-75% des max. Lauftempos
14.	3 Minuten	3	Abwärmen
Funktionelle Bewegungsnachbereitung / Regenerationsfördernde Maßnahmen **Myofasziale Entspannung**		
Inhalte / Übungen / Maßnahmen	**Belastungsgefüge**	
Ausrollen der ischiocruralen Muskulatur	2 x 30 Sekunden	
Ausrollen der Oberschenkelaußenseite	2 x 30 Sekunden	
Ausrollen der Hüftgelenkadduktoren	2 x 30 Sekunden	
Ausrollen der Oberschenkelvorderseite	2 x 30 Sekunden	
Ausrollen der Wadenmuskulatur	2 x 30 Sekunden	

2.2.2 Leistungsorientiertes Schnellkrafttraining

Tabelle 9: Darstellung der Krafteinheit (Dienstag & Freitag) 1

Trainingsplanung für das Schnellkrafttraining	
- Trainingsziel: Hypertrophie - Trainingsmethode: Leistungspyramide - Organisationsform: Stationstraining	
Funktionelle Bewegungsvorbereitung	
Inhalt / Übungen / Maßnahmen	**Belastungsgefüge**
Fahrrad fahren - Mobilisation des Herz-Kreislauf-Systems - Verletzungsprophylaxe	Dauer: 5 Minuten Intensität: 12 - 15 Watt
Kniebeuge (hüftbreiter Stand) mit Festhalten der Kniegelenke	2 Sätze á 10 Wiederholungen Pause: 30 Sekunden
Ausfallschritt nach vorne mit Armstreckung über den Kopf	2 Sätze pro Seite á 10 Wiederholungen Pause: 30 Sekunden
Standwaage mit zur Seite ausgestreckten Armen und leichter Rumpfrotation	2 Sätze pro Seite á 10 Wiederholungen Pause: 30 Sekunden
Beachte: Aufwärmsatz vor jeder Übung	1 Satz á 6-8 Wiederholungen, leichte Intensität, komplette Range of Motion
Leistungsorientiertes Training	
Inhalte / Übungen / Maßnahmen	**Belastungsgefüge**
Kniebeuge mit der Langhantel - Kräftigung der Beinmuskulatur	**Satzzahl:** 3 Sätze **Wiederholungen:** 8 - 12 Wiederholungen **Intensität:** 60 - 80% der Maximalkraft **Pause:** 120 Sekunden
Kreuzheben mit der Langhantel - Kräftigung der Rumpf- und Gesäßmuskulatur	**Satzzahl:** 3 Sätze **Wiederholungen:** 8 - 12 Wiederholungen **Intensität:** 60 - 80% der Maximalkraft **Pause:** 120 Sekunden
Schulterdrücken an der Multipresse - Kräftigung der Schultermuskulatur	**Satzzahl:** 3 Sätze **Wiederholungen:** 8 - 12 Wiederholungen **Intensität:** 60 - 80% der Maximalkraft **Pause:** 120 Sekunden
Bankdrücken mit der Langhantel - Kräftigung der Brustmuskulatur	**Satzzahl:** 3 Sätze **Wiederholungen:** 8 - 12 Wiederholungen **Intensität:** 60 - 80% der Maximalkraft **Pause:** 120 Sekunden
Klimmzüge an der Maschine - Kräftigung der Rückenmuskulatur	**Satzzahl:** 3 Sätze **Wiederholungen:** 8 - 12 Wiederholungen **Intensität:** 60 - 80% der Maximalkraft **Pause:** 120 Sekunden
Wadenheben an der Maschine - Kräftigung der Wadenmuskulatur	**Satzzahl:** 3 Sätze **Wiederholungen:** 8 - 12 Wiederholungen **Intensität:** 60 - 80% der Maximalkraft **Pause:** 120 Sekunden
Einbeinstand auf dem Balance Pad - Stabilisation des Sprung- und Kniegelenks	**Satzzahl:** 3 Sätze **Wiederholungen:** 8 - 12 Wiederholungen **Intensität:** 60 - 80% der Maximalkraft **Pause:** 120 Sekunden

Funktionelle Bewegungsnachbereitung / Regenerationsfördernde Maßnahmen Mehrgelenkige Dehnübungen	
Inhalte / Übungen / Maßnahmen	**Belastungsgefüge**
Dehnung des Lenden-Darmbein-Muskel (Hüftbeuger; m. iliopsoas)	**Satzzahl:** 3 **Dauer:** 10 - 15 Sekunden **Pause:** 15 Sekunden
Dehnung gerader Schenkelmuskel (m. rectus femoris)	**Satzzahl:** 3 **Dauer:** 10 - 15 Sekunden **Pause:** 15 Sekunden
Dehnung Wadenmuskulatur und Achillessehne (m. triceps surae)	**Satzzahl:** 3 **Dauer:** 10 - 15 Sekunden **Pause:** 15 Sekunden
Aktive Dehnung des m. pectroralis major	**Satzzahl:** 3 **Dauer:** 10 - 15 Sekunden **Pause:** 15 Sekunden
Dehnung der Schultermuskulatur	**Satzzahl:** 3 **Dauer:** 10 - 15 Sekunden **Pause:** 15 Sekunden
Dehnung ischiocruralen Muskelgruppe (Hamstrings)	**Satzzahl:** 3 **Dauer:** 10 - 15 Sekunden **Pause:** 15 Sekunden

2.3 Begründung der Trainingsplanung

Im folgenden Text werden die Übungseinheiten begründet und anhand wissenschaftlicher Quellen belegt.

2.3.1 Begründung der Übungsauswahl

2.3.1.1 Leistungsorientiertes Ausdauertraining

Die erste Trainingseinheit ist das Hoch-Intensitäts-Intervall-Training (HIIT) am Beispiel des Sprint Intervall Trainings (SIT). Wissenschaftler von der McCaster University konnten in einer aktuellen Studie nachweisen, dass das sogenannte Sprint-Intervall-Training genauso positive Auswirkungen auf die Gesundheit hat, wie kontinuierliches Training über einen Zeitraum von 50 Minuten. Diese Variante der Trainingsintervention mit HIT stellt eine Ballung der Intensitäten dar, doch ist der Zeitraum klar begrenzt und es werden schon in diesem kurzen Zeitraum relevante Trainingseffekte erzielt (Breil, 2010). Durch Ausdauertraining kommt es zu einer physiologischen Adaption des Herz-Kreislauf-Systems und langfristig damit auch zu einer erhöhten Leistungsfähigkeit (Dickhuth, 2011). Auch strukturell passt sich der Körper dem Training an, es erfolgt dadurch eine Hypertrophie des Herzmuskels (Dickhuth ,2011). Darauf folgt unmittelbar auch eine Vergrößerung des Herzschlagvolumens, was wiederum die Sauerstoffaufnahmefähigkeit steigert

(Weineck, 2010). Eine trainingsbedingte Steigerung von VO2max hat weitere Auswirkungen auf das Herz-Kreislauf-System: Es kommt zu einer Zunahme des Blutvolumens, während gleichzeitig eine Abnahme der Herzfrequenz erfolgt (Weineck, 2010). Auch die Ruheherzfrequenz sinkt im weiteren Verlauf des Trainings (Dickhuth, 2011). Die daraus resultierende effizientere Herzarbeit entspricht einer Ökonomisierung des Herz-Kreislauf-Systems (Weineck, 2010). Die Vorteile für den Sportler bestehen in der Verbesserung der Ausdauerleistungsfähigkeit im Allgemeinen und einer „erhöhten aeroben Kapazität und verbesserten Ermüdungswiderstandsfähigkeit" (Weineck, 2010) im Speziellen.

2.3.1.2 Leistungsorientiertes Schnellkrafttraining

Um die Schnellkraft zu entwickeln, arbeitet man mit weniger Gewicht als bei den Methoden zur Steigerung der Maximalkraft (Froböse, 2011). Dieses Gewicht wird dafür explosiv eingesetzt und es wird versucht einen möglichst großen Impuls zu erzeugen. Ein solches Training ist vor allem für Leistungssportler sinnvoll als Ergänzungstraining ihrer Sportart. Dabei kommt es vor allem auf Schnellkraft und Bewegungsqualität an (Zawieja, 1988). Das Training mit der Langhantel schult fast alle Muskeln und Muskelgruppen im Allgemeinen. Bei korrekter Ausführung bietet die Langhantel ein funktionales Training für den ganzen Körper, welches nicht nur die Muskulatur kräftigt, sondern auch die Schnellkraft steigert. Zudem verbessert sich die Körperwahrnehmung, da das Gewicht ständig kontrolliert werden muss (Klee, 2000). Die dreidimensionalen Bewegungen fördern die Aktivierung und das Zusammenspiel der Halte- und Bewegungsmuskeln, da die Dynamik mehr muskuläre Aktivität voraussetzt. Der Läufer läuft nicht nur mit den Füßen, sondern beginnt alle Aktionen auf oder aus den Füßen. Leistungsorientiertes Krafttraining muss daher neben der so wichtigen Stabilität und Mobilität auch das explosive, schnellkräftige Zusammenspiel der Muskulatur von Füßen, Beinen, Hüfte und Rumpf zum Ziel haben. Er muss seinen ganzen Körper stabilisieren und mobilisieren und dazu eine gewisse Kraftgrundlage aufbauen, zum anderen vor allem die Schnellkraft- und Explosivitätsfähigkeiten der unteren Extremitäten verbessern (DFB, 2011). Kniebeugen mit der Langhantel ist die Königin aller Fitnessübungen. Sie trainiert Beine, stärkt aber auch Rumpf, Arme und Schultern. Gemeinsam mit Bankdrücken und Kreuzheben, ist sie eine der wichtigsten Grundübungen (Deemter, 2012). Viele Läufer vernachlässigen beim Training ihre Arm- und Schultermuskulatur. Dabei ist gerade die Schultermuskulatur für einen guten Laufstil essentiell, denn die Schulter führt die Laufbewegung an. Wie bei einem Pendel schwingen die Schultern im Gleichklang mit den Beinen, geben den Takt vor und beeinflussen somit die Schrittfrequenz und Schrittlänge (Fröhlich, 2003).

2.3.2 Begründung der Methodenauswahl und Belastungsparameter

„Um die gesundheitlichen Zielsetzungen, aber auch die Ziele der Leistungssteigerung zu erreichen, sind vor allem das Ausdauer- und Muskelaufbautraining von Bedeutung" (Buskies, 2007). Das Trainingslevel der Kundin ist als fortgeschritten einzustufen, wodurch ein HIT sowie Hypertrophietraining angewandt werden kann. Aufgrund dieser Aussage und der Trainingsmotive des Kunden, bezieht sich der erste Mikrozyklus auf diese beiden Trainingsmethoden. Zu Beginn des Trainings startet der Kunde mit einem Hochintensiven Intervalltraining. HIT wirkt sich positiv auf die aerobe als auch auf die anaerobe Ausdauerleistung aus (Froböse, 2011). Als Steigerung wird das Schnellkrafttraining eingeführt. Mit dieser Trainingsmethode wird der Muskelquerschnitt vergrößert und die Kraftbildungsgeschwindigkeit verbessert, wodurch es zu einer Steigerung der Anlauffähigkeit und Sprungleistung kommt (Grosser, 1989), wodurch die Kundin ihre Probleme beim Bewältigen von Anstiegen in den Griff bekommen kann.

2.3.3 Begründung der Maßnahmen zur funktionellen Bewegungsvor- und -nachbereitung

2.3.3.1 Funktionelle Bewegungsvorbereitung

Durch langsame sportartspezifische Bewegungen wird der Organismus aus seinem Ruhestand auf die Belastung vorbereitet. Das Einlaufen löst komplexe Veränderungen aus, die vor allem die Bewusstseinshelligkeit, die Aktivierung der Funktionssysteme, wie Herz-Kreislauf-System, vegetatives Nervensystem, Energiestoffwechsel und Motorik, werden in erhöhte Betriebswirtschaft gebracht (Hambrecht, 2013).

Da es sich bei dieser Einheit um die Vorbereitung auf ein spezifisches Hochintensität-Intervall-Training handelt, werden verschiedene Laufvarianten in das Training eingebaut. Diese Laufvarianten mobilisieren die beanspruchten Muskel-Gelenk-Systeme. Die Übungen werden in diesem Fall nach einer Pyramide aufgebaut und demnach immer anspruchsvoller. Es handelt sich dabei um ein Basistraining zur Entwicklung eines kraft- und gelenkschonenden und damit ökonomischen und schnellen Laufstils. Gestartet wird mit einem leichten Hopserlauf. „Er stärkt die Beine, verbessert die Sprungkraft und macht den Läufer dynamischer" (Heck, 2014). Das fördert nicht nur Lauftempo und Laufökonomie, sondern schützt auch vor Verletzungen. Ziele des ABC-Laufs sind typische Fehler in der Lauftechnik korrigieren, variable Verfügbarkeit der Lauftechniken sichern, Ökonomisierung und Stabilisierung der Bewegungsausführung, Erhöhung der Belastbarkeit des Stütz- und Bewegungssystems, Verbesserung der Vortriebsleistung bzw. Erhöhung des Wirkungsgrades sowie der Ausgleich von muskulären Dysbalancen (Klee, 2003).

Ziel des Mobilisationstraining ist die Erhaltung und Erweiterung des Bewegungsumfangs in den Gelenken bei gleichzeitiger Stimulation von Muskeln, Sehnen und Bändern. Zudem dient es der Erwärmung. Durch die sich wiederholenden Bewegungen und der daraus resultierenden Be- und Entlastung kommt es zu einer Erneuerung der Gelenkflüssigkeit, die dem Gelenkknorpel wichtige Nährstoffe zuführt (Janda, 1986). Durch das Verbessern des Bewegungsablaufs werden Läufer noch schneller, leichtfüßiger und effizienter laufen. Eine aktive Wirbelsäulenaufrichtung schafft die Voraussetzungen zur Verbesserung des Wirkungsgrades beim Laufen. Eine hohe Rumpfstabilität wirkt präventiv auf die Beanspruchung des Stütz- und Bewegungssystems. Eine erhöht durchblutete Muskulatur ist für Verletzungen weniger anfällig. Kaltstarts fördern z.B. Zerrungen oder Muskelfaserrisse. Jede Vorbelastung, die zur Durchblutungszunahme führt, aktiviert gleichzeitig die Rezeptoren der Tiefensensibilität, die kinästhetischen Rezeptoren in Gelenken, Sehnen und Muskeln. Dadurch wird die Bewegungskoordination präziser. Mobilisationstraining soll helfen, Verletzungen vorzubeugen (Klee, 2006).

2.3.3.2 Funktionelle Bewegungsnachbereitung

Ein myofasziales Training verbessert die posturale Kontrolle. Weiterhin wirkt sich das Training positiv auf die wahrgenommene Muskelverspannung und Beweglichkeit aus (Pohl, 2008). Übertragen auf den Laufsport bedeuten gut trainierte Faszien einen ökonomischeren, weniger kraftraubenden, leichten und athletischen Laufstil. Gesunde Faszien fangen ein Großteil der Belastung ab und wandeln sie in kinetische Energie um, wodurch die Bewegung sowie der Laufstil effizienter werden (Schnack, 2016). Regelmäßiges Faszientraining führt zu weniger Verspannung und der besseren Verteilung der äußeren Kräfte auf die myofaszialen Strukturen. Zudem werden typische Läuferbeschwerden wie Entzündungen der Achillessehne oder das Läuferknie vorgebeugt (Heyder, 2018). Die regenerationsfördernde Maßnahme der myofaszialen Entspannung wird aufgrund der gelegentlichen Schmerzen, auf der Außenseite des Oberschenkels direkt oberhalb des Kniegelenks, angewandt. Denn meist sind überspannte Muskel und Faszien das Hauptproblem für diese Schmerzen. Laut Liebscher und Bracht liegt die Hauptursache darin, dass beim Laufen immer der gleiche Gelenkwinkel zwischen Hüfte und Oberschenkel genutzt wird. Genauer gesagt: Der Oberschenkel wird nicht weit genug nach hinten gebracht. Faszien und Muskeln passen sich diesem Bewegungsmuster auf lange Sicht an und werden unnachgiebig (Skorupska, 2014).

Für Läufer ist eine muskuläre Dehnung zweckmäßig. Die Dehnübungen sollten noch bei erwärmter Muskulatur durchgeführt werden. Das Stretching ist eine bewährte Form der Belastungsnachbereitung, in die vor allem die hauptsächlich belasteten Muskelgruppen einzubeziehen sind (Bonen, 2000). Aufgrund der Schmerzen oberhalb des Kniegelenkes wird ein Schwerpunkt auf die Dehnung der Oberschenkelmuskulatur gelegt.

2.3.4 Begründung der Verteilung und Häufigkeit der Trainingseinheiten

Zu Beginn findest das Hochintensive Intervalltraining sowie das Schnellkrafttraining zweimal die Woche statt. Die Kundin ist auf einem hohem Leistungsniveau, hat jedoch noch keine Erfahrungen mit diesen Trainingsmethoden. High Intensity Intervalltraining ist keine Trainingsmethode, die für jeden Tag geeignet ist. Der „Viel hilft viel"- Gedanke kann zu einem typischen Übertraining führen (Wackerhage, 2014) und es wird empfohlen, HIIT wegen der hohen Belastung nicht häufiger als zwei bis drei Mal pro Woche zu trainieren. Da im hoch-intensiven Ausdauertraining ein grober Pulsbereich von 85-100% maximaler Herzfrequenz herrscht, benötigt eine trainierte Person 36 Stunden und eine 72 Stunden (Waitz, 1989).

Regeneration ist ein wesentlicher Schlüssel zum Erfolg. Es ist daher nicht empfehlenswert, kurz aufeinanderfolgende Trainingsreize zu setzen. Es könnte sonst zur einer Leistungsabnahme führen. In Abhängigkeit vom Trainingsziel kann die Regenerationszeit sehr unterschiedlich sein. Beim Schnellkrafttraining sind es 48 - 72 Stunden (Vestweber, 2002), weshalb zwischen den Trainingseinheiten 69 Stunden liegen, da die Kundin noch Anfängerin in diesem Training ist.

3   Literaturverzeichnis

Radtke, K. (2006). *This or That: High Intensity Exercise Training.* USA: University of Wisconsin-La Crosse.

Schmidt, A. (2012). *Optimales Trainingsmanagement - Kraft-, Ausdauer- und Mentaltraining.* Aachen: Meyer & Meyer Verlag.

Samson, M. Button, D. & Behm, D. (2012). *Effects of Dynamic and Static Stretching within general and activity specific warm-up.* Tunesien: National Center of Medicine and Science in Sports.

Pohl, T. (2008). Effekte eines Self-Myofascial-Release Trainings mit der Blackroll. München: Technische Universität.

Safdar, A. Bishop, D. & Gibala, M. (2011). *An acute bout of high-intensity interval training activates mitochondrial biogenesis.* Canada: McCaster University. Department of Kinesiology.

Skorupska, E. (2014). *Trigger point-related sympathetic nerve activity in chronic sciatic leg pain: a case study.* Polen: Department of Rheumatology and Rehabilitation.

Fröhlich, M. (2003). *Ökonomische Überlegungen zum sportlichen Training unter besonderer Berücksichtigung der Krafttrainingsforschung.* Saarland: Universität des Saarlandes.

Butz, A. (2008). *Richtig trainieren für den Halbmarathon.* Verlag: blv.

Pierce, B. (2009). *Lauftraining mit System.* Verlag: Meyer & Meyer.

Burfoot, A. (2011). *Laufen: Das große Buch für Anfänger.* Verlag: Rowohlt Taschenbuch.

Neumann G. & Hottenrott, K. (2002). *Das große Buch vom Laufen.* Verlag: Meyer & Meyer

4 Abbildungs- und Tabellenverzeichnis

4.1 Abbildungsverzeichnis

4.2 Tabellenverzeichnis